BEI GRIN MACHT SICH IHR WISSEN BEZAHLT

AF139883

- Wir veröffentlichen Ihre Hausarbeit, Bachelor- und Masterarbeit

- Ihr eigenes eBook und Buch - weltweit in allen wichtigen Shops

- Verdienen Sie an jedem Verkauf

Jetzt bei www.GRIN.com hochladen und kostenlos publizieren

GRIN

Bibliografische Information der Deutschen Nationalbibliothek:

Die Deutsche Bibliothek verzeichnet diese Publikation in der Deutschen National-bibliografie; detaillierte bibliografische Daten sind im Internet über http://dnb.d-nb.de/ abrufbar.

Impressum:

Copyright © 2017 GRIN Verlag, Open Publishing GmbH
Druck und Bindung: Books on Demand GmbH, Norderstedt Germany
ISBN: 9783668465510

Dieses Buch bei GRIN:

http://www.grin.com/de/e-book/366891/marketing-einfuehrung-in-die-grundlegen-den-vorgehensweisen-eines-marketingteams

Mike G.

Marketing. Einführung in die grundlegenden Vorgehensweisen eines Marketingteams

Vorlesungstranskript

GRIN Verlag

GRIN - Your knowledge has value

Der GRIN Verlag publiziert seit 1998 wissenschaftliche Arbeiten von Studenten, Hochschullehrern und anderen Akademikern als eBook und gedrucktes Buch. Die Verlagswebsite www.grin.com ist die ideale Plattform zur Veröffentlichung von Hausarbeiten, Abschlussarbeiten, wissenschaftlichen Aufsätzen, Dissertationen und Fachbüchern.

Besuchen Sie uns im Internet:

http://www.grin.com/

http://www.facebook.com/grincom

http://www.twitter.com/grin_com

Marketing Vorlesungstranskript

Die folgende Arbeit ist ein Transkript einer sechswöchigen Vorlesungsreihe bzgl. des Themas Marketing und dessen Grundlagen. Es beinhaltet wichtige Analysen zu den Hintergründen diverser Marketingmethoden, die Grundlagen einer erfolgreichen Marketingaufstellung & -kampagne sowie Kritik an der zeitgenössischen Umsetzung. Neben Themen wie Bundling, Regressionsmodelle und Kundenlebenswertanalyse werden weiterhin auch auf viele gängige Theorien bekannter (Nobelpreis-)Authoren verwiesen wie der CSC Index oder die Prospect Theory. Als Teil der Vorlesungsreihe wurde am Ende eine Zusammenfassung bzw. Überblick über die relevanten Rechnungen gegeben um sich optimal auf die Klausur vorzubereiten. Auch für nicht-Studierende dürfte diese Arbeit sehr informativ und aufschlussreich sein und dabei helfen die alltäglichen Marketingeinflüsse besser zu erkennen und zu analysieren.

- **Marketing Definitionen.**
  - Marketing ist die Studie von Märkten.
  - Anbieter und Nachfrager stehen im Austausch.
  - Beide tauschen Informationen über Bedürfnisse und Angebot aus.
  - Nachfrage gibt Anbieter Geld, Anbieter eine Leistung an den Nachfrager.
  - Zwei bedeutsame Restriktionen beim Handel.
  - **Gratifikationsprinzip**: Anbieter braucht Anreize zum Verkaufen, Nachfrager bedarf Bedürfnisbefriedigung.
  - **Kapazitätsprinzip**: Nachfrager durch Einkommen und Zeit (keine Zeit zum Konsumieren) eingeschränkt, Anbieter durch seine Produktionskapazitäten.

- **Schwerpunkte des Marketing.**
  - **Produktorientierung.**
  - Anbieter hat die Verhandlungsmacht und versucht künstliche Nachfrage zu erzeugen.
  - Allgemeine Produkte werden angeboten und mit niedrigsten Kosten zum günstigsten Preis verkauft → Schwerpunkt liegt auf den Marktanteilen.
  - **Marktorientierung.**
  - Marktforschung enthüllt die Bedürfnisse des Kunden; Kunde hat Verhandlungsmacht.
  - Befriedigung echter Kundenbedürfnisse über Differenzierung.
  - Kundenanteile und -loyalität besonders wichtig, nicht gesamten Markt zu bedienen gewünscht, sondern lediglich die (eine) Zielgruppe(n).
  - **Erfahrungsorientierung.**
  - Bei Transaktionen über die Zeit Kundenwahrnehmung managen.
  - Erfahrbare Produkte und Dienstleistungen, welche man nur schwer bewerben kann (Haarschnitt).
  - **Referral Management**: Kunden werben Kunden.
  - **Word-to-mouth**: Kunden machen kostenlos Werbung indem sie ihrem Freundeskreis davon erzählen.
  - **Buzz**: Privatpersonen werben in ihrem Freundeskreis für das Produkt und werden dafür bezahlt.
  - **Vertrauensorientierung.**
  - Authentische Produkte und Services anbieten; Mit Vertrauen Kunden an sich binden.
  - Mit niedrigen Kosten möglichst höchst-individuelle Produkte an den Kunden vermarkten.

- **Prinzipien des Marketings.**
  - Marketing Mix (4 Ps): Price, Product, Promotion, Place.
  - STP-Prinzip: Segmentierung, Targeting und Positionierung.
  - Prinzip des Kundenwertes.
  - Prinzip der Differenzierung.

- **STP-Prinzip.**
  - Markt wird in verschiedene **Segmente** unterteilt.
  - Segmentierungskriterien können demographische, sozioökonomische, psychologische oder Verhaltenskriterien sein.
  - Letzte beiden sind besonders individuell und geben die meisten Informationen preis.
  - Analyse nach zu wenigen Kriterien ist unsinnig, liefert verfälschte Ergebnisse.
  - **Clusteranalyse**: Personen in eine Gruppe zuordnen, sodass diese Personen untereinander sehr homogen sind, aber im Vergleich zu anderen Gruppen sehr heterogen.
  - **Agglomerative Verfahren**: Jedes Individuum wird als einzelne Gruppe betrachtet. Die zwei Ähnlichsten bilden den ersten Cluster, die beiden ähnlichsten Cluster den zweiten Cluster,

solange bis Unterschiede zu groß werden.
- **Partitionierende Verfahren**: Gesamtes Kundensegment wird in ein Cluster zugeordnet, dieses wird dann solange unterteilt bis Unterschiede innerhalb des Clusters sehr gering sind.
- Nachdem Segmente identifiziert wurden, werden diese gemäß ihrer **Attraktivität** analysiert.
- Faktoren, welche die Attraktivität von Segmenten bestimmen sind u.a. Wachstum & Größe, Wettbewerb, Umweltrisiko, Profitabilität, etc.
- Faktoren jedes Segments werden ausgearbeitet und unternehmensspezifisch gewichtet, sodass Attraktivität der Segmente visuell dargestellt werden kann und entschieden wird, welche Segmente man wählt.
- Wenn die Segmente ausgewählt wurden, müssen die **Zielgruppen** analysiert werden,
- Positionierung muss einzigartig sein und vom Gesamtwettbewerb abheben, damit Zielgruppe bei diesen Unternehmen kauft.
- **Drei Arten von Positionierungsstrategien.**
- **Unique**: Der einzige Anbieter für das Produkt sein.
- **Difference**: Unterschiede zur Konkurrenz herausstellen.
- **Similarities**: Genauso gut wie Konkurrenz sein, aber in einigen Bereichen besser.

- **Globale Wissensstruktur von Marketing.**
- Grundlegende Maßnahmen des Marketings nach Kotler.
- 1) Analyse und Verständnis der Umwelt.
- Marktforschung (Kundenbedürfnisse, Kaufverhalten, Reaktion auf Werbemaßnahmen).
- 2) Ziele und Strategien planen.
- Ziele definieren Strategie und werden mit konkreten Maßnahmen umgesetzt.
- 3) Maßnahmen gestalten (Marketing Mix).
- 4) Ziele, Strategien und Maßnahmen kontrollieren.
- Nachhaltigkeit der eigenen Ziele und Maßnahmen überprüfen.

- **Missverständnisse im Marketing.**
- Die Hälfte des Geldes für Werbemaßnahmen ist verschwendet, man weiß leider nur nicht welche Hälfte (Frage ob Kunden auch ohne Werbeeinflüsse gekauft hätten bleibt offen).
- Marketingabteilung großer Unternehmen ist hauptsächlich mit Marktforschung, Werbung und Kundenzufriedenheit betreut.
- Resultate werden anerkannt, wenn finanzielle Folgen genau aufgezeigt werden können oder besonders innovativ / kreativ sind.
- Hohe analytische Fähigkeiten verschaffen der Marketingabteilung Gehör im Unternehmen.
- **Kritik am Marketing.**
- Höhere Preise durch Beeinflussung des Konsumenten.
- Minderwertige Ware wird besser dargestellt als sie eigentlich ist.
- Kunde wird gezwungen etwas zu kaufen, was er eigentlich gar nicht benötigt.
- Geplante Obsoleszenz.
- Kulturelle Umweltverschmutzung (Flugblätter, Reklametafeln etc.).
- Corporate Social Resonsibility der Unternehmen wird immer wichtiger.
- Aktueller Trend, dass Kunden sich bei Produktauswahl an Verantwortung des Unternehmens orientieren.
- Kunden, Mitarbeiter und Investoren bevorzugen Unternehmen, welche gesellschaftlich aktiv sind und sich für „gute Zwecke" einsetzen.
  => Gut implementierte CSR ist ökonomisch sinnvoll, muss aber authentisch sein.
- Kritik ist berechtigt, aber nicht bei langfristig agierenden Unternehmen vorzufinden. Gewisse Werbepraktiken ermöglichen erst Innovationen.

- **Gesellschaftsorientierte Klassifikation von Produkten.**
  - Unzulängliche Produkte haben einen geringen Kundennutzen und geringe Anreizwirkung.
  - Genussprodukte wie Alkohol befriedigen Kundenbedürfnisse schnell, bieten aber keinen Langzeitnutzen.
  - Nützliche Produkte werden vom Kunden nicht als bedürfnissbefriedigend wahrgenommen, haben jedoch einen hohen Langzeitnutzen (z.b. Versicherungen).
  - Idealprodukte vereinen sofortige Bedürfnisbefriedigung mit Langzeitnutzen, z.b. gesundes und wohlschmeckendes Essen.

	Sofortige Bedürfnisbefriedigung / kurzfristige Anreizwirkung	
	gering	hoch
Langfristiger Kundennutzen hoch	Nützliche Produkte (z.B. Sicherheitsgurte im Auto)	Idealprodukte (z.B. gesunde, gut schmeckende Cerealien)
gering	Unzulängliche Produkte	Genussprodukte (z.B. Alkohol, Zigaretten)

- **Strategisches Management.**
  - Definition: Entscheidungen in einem Unternehmen um Ziele sowie dafür notwendige Pläne aufzustellen um den Shareholdern, Arbeiter, Gesellschaft etc. wirtschaftliche und nicht-wirtschaftliche Leistungen anzubieten.
  - Themen, welche eine Strategie angehen muss.
    - 1) Bereich (Region, Märkte, Kunden).
    - 2) Differentiator (Preis, Image, Design).
    - 3) Vehicle (Wie diese Ziele konkret erreichen).
    - 4) Durchführung (Geschwindigkeit, Sequenz der Aktionen).
    - 5) Ökonomische Begründung (Logik nach welcher Unternehmenserfolg generiert wird).

- **Strategien zur Neuproduktentwicklung.**
  - Bevor neue Produkte entwickelt werden können, bedarf es einer umfassenden Analyse des Marktes / der Kunden und des Unternehmens.
  - **Outsinde-in-Perspektive**: Marketingorientierter Ansatz; Zielmärkte werden untersucht und entsprechend der Bedürfnisse wird Produkt ausgearbeitet.
  - **Inside-out-Perspektive**: Produktorientierter Ansatz; Stärken des Unternehmens werden analysiert und entsprechend Märkte gesucht in denen diese Stärken am besten ankommen werden.
  - => Immer beide Perspektiven annahmen und einander ergänzen lassen für nachhaltigen Erfolg.

- **Generic Strategies von Porter.**
  - Es gäbe lediglich zwei große Strategien zwischen welchen Unternehmen wählen können um langfristig am Markt erfolgreich sein zu können.
  - **(1) Kostenführerschaft**: Strategie des geringsten Preises auf dem Markt.
    - Gewinnung von höheren Marktanteilen und Absätzen durch günstigste Preise.
    - Produktion auf Masse (Economies of Scale) um Konkurrenz zu unterbieten.
      - Qualität wird nicht beachtet, entspricht meist der durchschnittlichen auf dem Markt.
    - Niedrige Kosten stellen Markteintrittsbarrieren dar und schützen ein Unternehmen sowohl vor neuen Konkurrenten als auch vor Substituten.
    - **Maßnahmen** zur Kostenreduktion: günstige Fertigung und Organisation, Economies of Scale, Standardisierung der Produktion, strenges Kosten-Controlling, tendenziell weniger Werbung, Offshoring in Niedriglohnländer.
  - **(2) Differenzierungsstrategie**: Höheres Wert/Preis-Verhältnis als Konkurrenz anbieten.
    - Einzigartige Wahrnehmung (**USP**) rechtfertigt höhere Preise am Markt.

- **Maßnahmen**: Hohe Qualität, gutes Design, innovative bzw. einzigartige Technologie, Imagetransfer, zuverlässiger Kundenservice, individuelle Anpassung.
- **Nachteile**: Investitionen in einzigartige Produkte (Innovationen) oder Dienstleistungen (freundlicher Kundenservice) müssen regelmäßig stattfinden und hohen Standards entsprechen um das Geschäftsmodell aufrecht zu halten., keine hohen Marktanteile zu erwarten, sodass Preise entsprechend hoch sein müssen.
  => Porter benennt einen Mittelweg beider Strategien – außer in einem kleinen Bereich des Marktes – als weniger erfolgreich als das Verfolgen eines Ziels.
- **Kritik an Porters Strategy.**
  - Mass Customization Strategy: Kostenführer kann sich auch differenzieren und höhere Margen erzielen, z.B. Automobilindustrie, welche Zahlungsbereitschaft systematisch abschöpft.

- **CSC Index zur Priorisierung der Unternehmensziele.**[1][2]
- Idee ist, dass Unternehmen drei mögliche Schwerpunkte setzen können, nämlich auf
  - **Operational Excellence**: Optimierung von Herstellungsprozessen, Minimierung von Kosten (*Operational Competence*).
  - **Performance Superiority**: Design, Style und Produkt stehen im Vordergrund und snd Gewinntreiber (*Product Differentiation*).
  - **Customer Intimacy**: Produkte an individuelle Bedürfnisse des Kunden anpassen (*Customer Responsiveness*).
  - Unternehmen sollen sich lediglich auf eine Dimension konzentrieren, aber bei den anderen ein gewisses Mindestniveau aufrecht halten, ausgedrückt durch fair value line.
  - Einige Unternehmen, z.B. Transportwesen können diese Mindestansprüche der Kunden aber nicht erfüllen.
  - Kunden wollen pünktlich zu Terminen erscheinen können, Transportwesen kann Verspätungen aber meist nicht beeinflussen.

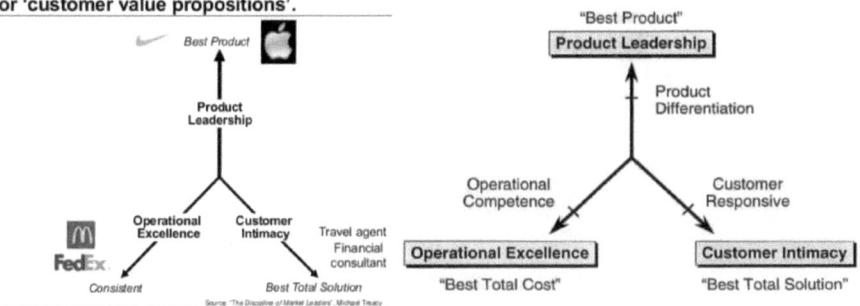

- **Stimulus-Organismus-Response Theorie // SOR Theorie.**
  - Grundmodell um Kaufentscheidungsprozess abzubilden.
  - **Stimulus** // Ausgangspunkt isr der Marketing Mix, welchen das Unternehmen gezielt steuern kann.
  - Stimulus bestimmt letztlich die **Response**, den Outcome beim Kunden, welchen das Unternehmen als Marktforschung analysiert.
  - „Black Box" dazwischen, der **Organismus**, kann nicht beobachtet und muss deshalb analysiert

1 Bildquelle: https://image.slidesharecdn.com/customerintimacymeetoperationalexcellence1013-140404205433-phpapp01/95/customer-intimacy-meet-operational-excellence-2-638.jpg?cb=1396644986
2 Bildquelle: http://www.antoniothonis.com/wp-content/uploads/2010/01/valuedisciplines.PNG

werden.
- Für die Kaufentscheidung spielen *psychische Faktoren* (aktivierende und kognitive Prozesse) sowie *kulturelle, soziale & persönliche Faktoren* eine große Rolle.
- **Frage nach der Aktivierung.**
- Geistige Aufnahmefähigkeit soll sich im Optimum befinden, nicht im Maximum, da sonst zu wenig Außeninformationen dauerhaft aufgenommen werden.
- **Aktivierungsfaktoren** sind
- *Kognitiv-überraschende Reize* durch gedankliche Konflikte oder Überraschungen.
- *Physisch intensive Reize* durch Akustik oder auffallende Farbgebung.
- *Emotionale Reize* durch Erregung.

- **Emotional Marketing.**
- Klassisches **Prinzip der Konditionierung** durch emotionale Reize:
- Produkt löst keinerlei besondere Reaktion beim Konsumenten aus, deshalb wird in Werbung eine konsistente Stimmung erzeugt, welche zu einer Assoziation mit dem Produkt führen soll.
- **Aufmerksamkeit** erzeugen, z.B. durch kritische These oder auffallendes Bild.
- *Interpretation* durch **Emotion** ermöglichen, eine bestimmte Emotion darstellen / vermitteln.
- *Zielorientierung* durch **Motivation** einbringen, Emotion auf Aktivität überleiten.
- *Objektorientierung* durch **Einstellung** fördern, Produkt mit entsprechender Aktivität in Verbindung bringen.

- **Consideration Set.**
- Frage wie die Kaufentscheidung des Kunden zustande kommt.
- Ist der Kunde nicht oder nur sperrlich informiert, wird Marke **zufällig** gesucht und/oder gefunden.
  → *Strategie des Unternehmens*: Leicht auffindbare Produkte, welche direkt ins Auge springen, schnelle Wahrnehmbarkeit.
- Ist Kunde gut informiert und kann hat dieses Wissen präsent, dann greift er auf sein **Evoked Set** zurück und sucht zielgerichtet.

Kunde

nicht informiert / \ gut informiert

zufällige Auswahl — Info
Beim Suchen zufällig präsent
gefunden — Info nicht präsent

zielgerichteter Einkauf — Bei Suche wiedererkannt

- Ist Kunde gut informiert, hat Wissen aber nicht präsent, dann **erinnert** er sich beim zufälligem Suchen an entsprechende Marke.
  → Gefahr, dass Kunde Marke nicht findet und anderes Produkt kauft.
  => Unternehmen versucht Kunden durch gewisse Trigger an Marke zu erinnern (Aufsteller am Eingang der Discounters).
- Das **Consideration Set** ist die nähere Auswahl der Produkte, dafür dann die entsprechende Wahrnehmung untersuchen.
- Wahrnehmung der Produkte einerseits durch Produktinformationen, anderseits durch das Umfeld bestimmt.
  - **Produktinformationen**: Merkmale des Produktes, welche dessen Attraktivität / Leistungsfähigkeit etc. bestimmen.
  - **Umfeld**: Wie ist das Produkt gestaltet, wie werden es andere Menschen wahrnehmen?
- Weiterhin bestimmen die Denkabläufe die Produktbeurteilung.
  - **Einfache Heuristiken**: Spontane Entscheidung meist basierend auf Preis (z.B. Schokoriegel an der Kasse).
  - **Komplexe kognitive Algebra**: Genaues Screening nach Informationen um

Entscheidungsprozess zu beeinflussen (z.B. Autokauf).
- **Kulturelle, soziale und persönliche Faktoren.**
  - *Kulturelle Faktoren*: Wie wird das Produkt oder dessen Verwendung innerhalb dieses Kulturkreises wahrgenommen?
  - *Soziale Faktoren*: Welche Marken / Produkte verwendet mein Umfeld (Familie & Freunde)?
  → Abgrenzung, Anpassung oder Unterstützung bei Kaufentscheidung erhofft.
  - *Persönliche Faktoren*: Passt dieses Produkt zu meiner Persönlichkeit?
  => All diese Faktoren sind vom Unternehmen nur schwer zu beeinflussen.
  - Psychologische Faktoren wie Motivation oder Überzeugungen können durch Marketing beeinflusst werden.

- **Beeinflussung des Kaufverhaltens durch kognitive Dissonanz.**
  - Kunde muss das trade-off zwischen kurzfristiger Nutzensteigerung und langfristiger Gesundheitsgefährdung (Genussmittel) oder hohe Bedürfnisbefriedigung und Frage nach Opportunitätskosten (teure Konsumgüter) bewältigen.
  - Marketing kann entweder das Verhalten der Kunden beeinflussen, deren kognitive Wahrnehmung erweitern oder verändern.
  - (1) *Verhalten ändern*: Kunden versuchen klar zu machen, dass Rauchen zu schädlich ist und deshalb auf Alternativprodukte ausweichen soll (geringe Erfolgswahrscheinlichkeit).
  - (2) *Kognitive Wahrnehmung erweitern*: Kunden erklären, dass gesundheitliche Studien bzgl. des Rauchens nicht korrekt oder nicht auf ihn persönlich anwendbar sind.
  → Auch unterschwellig, indem man 80-jährigen Marlboro-Cowboy zeigt.
  - (3) *Kognitive Einstellung verändern*: Fokus auf Diesseitsorientierung legen, Hedonismus der Konsumenten fördern.

- **Kundenzufriedenheit nach dem Kauf.**
  - Zufriedenheit kann als Funktion der wahrgenommenen Leistung abzgl. den Erwartungen dargestellt werden.
  - Wahrgenommene Leistung beinhaltet bereits den Preis, Marketing sollte Erwartungen nicht zu hoch setzen.
  - **Positive Zufriedenheit** drückt sich in Wiederkäufen und word-to-mouth Advertisement aus.
  - **Negative Zufriedenheit** kann vom Unternehmen gar nicht wahrgenommen werden: Wechsel zur Konkurrenz, negative word-to-mouth Advertisement.
  - Von Beschwerden oder sogar Klagen kann das Unternehmen lernen und nachhaltig seine Kundenzufriedenheit (regional, lokal, global) steigern.

- **Kano-Modell der Kundenzufriedenheit.**
  - Begeisterungs- und Basisfaktoren determinieren die Kundenzufriedenheit.
  - **Basisfaktoren** sind Selbstverständnis der Kunden, welches auf jeden Fall erfüllt werden muss, aber nicht ausschlaggebend für eine positive Zufriedenheit ist (Rostschutz beim Auto).
  - **Begeisterungsfaktoren** sind ausschlaggebend für die Kundenzufriedenheit, besonderes Erlebnis, welches der Kunde sonst nirgendwo anders (oder nur anders) erhält (Fahrassistent beim Auto).[3]

---

3 Bildquelle: https://axel-schroeder.de/wp-content/uploads/2012/02/Kano-Modell.jpg

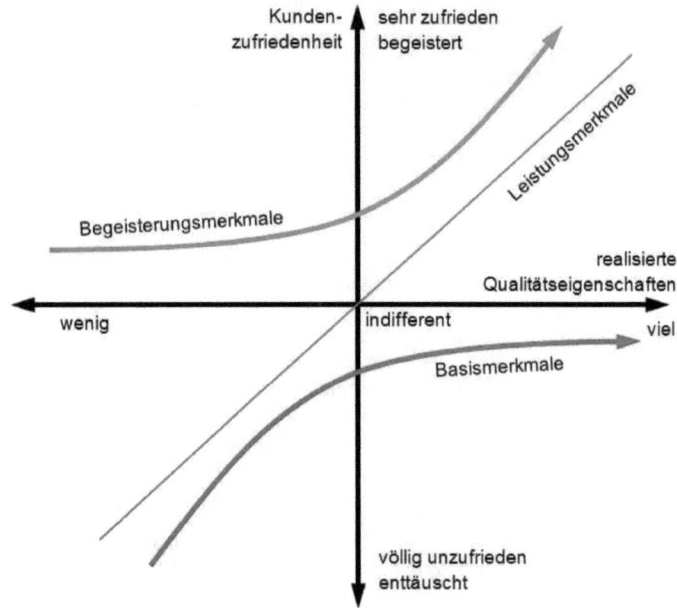

- **Regressionsanalyse.**
  - Eine Zufallsvariable wird durch eine andere dargestellt: Mietpreis = f (Wohnungsgröße).
    => Y wird erklärt mit einer linearen Kombination von X.
  - Stichprobenelemente werden eine Ausgleichsgerade determinieren, welche Regressionsgerade genannt wird (→ wird von uns bestimmt).
    - Gerade ist nur Näherung, nicht exakte Darstellung von y durch x, da für y durch weitere Größen beeinflusst wird, welche wir nicht kennen / nicht in x enthalten sind.
  - Aus der Stichprobe heraus soll $\hat{y}$ geschätzt werden um dann Schlüsse auf die Grundgesamtheit schließen zu können.
    → Ideales Modell, da lediglich linear und somit starke Vereinfachung.
  - **Gleichung der Regressionsgeraden** lautet $y_i = a + b * x_i + u_i$.
  - a = Regressionskonstante.
  - b = Steigungskoeffizient.
  - y = Abhängige Variable, weil durch X dargestellt (Regressand).
  - x = Unabhängige Variable, da nicht durch andere Zufallsvariable beeinflusst.
  - u = Störgröße, Quantifizierung des Fehlers, welche das Modell macht.
    → Nur individuell für jedes i zu berechnen, zeigt Abweichung von Gerade und arithmetischem Mittel.

$$\hat{a} = \overline{y} - \hat{b} * \overline{x} \qquad \hat{b} = \frac{\overline{x * y} - \overline{x} * \overline{y}}{\left(\overline{x^2} - \overline{x}^2\right)} = \frac{S_{xy}}{S^2} = \frac{Cov(X, Y)}{Var(X)}$$

$$\hat{\sigma}^2 = \frac{1}{n-2} * \sum_{i=1}^{n} \hat{u}_i^2 = \frac{1}{n-2} * \sum_{i=1}^{n} \left(y_i - \hat{a} - \hat{b} * x_i\right)$$

$$R^2 = \frac{\text{erklärte Variation}}{\text{totale Variation}} = \frac{\sum\limits_{i=1}^{n} (\hat{y}_i - \bar{y})^2}{\sum\limits_{i=1}^{n} (y_i - \bar{y})^2}$$

- **Interpretation der verschiedenen Ergebnisse.**
- Je größer das Bestimmtheitsmaß R^2 ist, desto mehr von y lässt sich mit dem linearen Regressionsmodell darstellen.
- R^2 sagt aber nichts über die Genauigkeit des Modells aus, erlaubt es aber verschiedene Modelle untereinander zu vergleichen und das relativ beste zu bestimmen.
- **F-Test**: Nullhypothese, dass alle Parameter gleich 0 sind, soll verworfen werden.
- Wenn p kleiner als 0,05 ist, handelt es sich um ein **signifikantes Ergebnis**, p kleiner als 0,01 um ein **hoch signifikantes Ergebnis**.
- Interpretation der Koeffizienten: Wenn eine infinitesimale Einheit investiert wird, erhöht sich entsprechender Wert um gegebene Menge.
- Interpretation des Koeffizienten beim Preis: Wenn eine infinitesimale Einheit in den Preis „investieren" gewollt, dann muss Preis für jedes Produkt um 1 / Absatzmenge dieser Periode verringert werden.
  $\rightarrow$ Ergebnis kann mit anderen Koeffizienten verglichen werden.
- Wegen saisonalen Schwankungen wurde **Saisonindex** eingefügt, d.b. In der entsprechenden Saison ist die Menge um gegebenen Wert höher, unabhängig vom Preis.
- Mit dem **T-Test** kann man bestimmen ob entsprechende Werte signifikant sind oder nicht.
- T-Statistik-Wert muss größer als der Betrag von 2 sein um Signifikanz auszudrücken, p-Wert (Konfidenzniveau) entsprechend kleiner als 0,05.
  $\rightarrow$ Werden diese Werte nicht eingehalten, dann liegt kein signifikanter Zusammenhang vor.
  => Entsprechend kann man durch Betrachtung der Ergebnisse feststellen, welche Marketingmaßnahme den Absatz am meisten erhöht.
- Bestimmung von *exogenen* und *endogenen* (kann das Unternehmen beeinflussen) *Faktoren*.
- Wird eine vorher exogene Variable zu endogen deklariert, muss man sich dem Effekt von einer Investition klar machen, da sonst keinerlei Aussage über Resultat getroffen werden kann.
  $\rightarrow$ Einen Euro in Saison investieren hat keinen bekannten Effekt, folglich keine Aussage möglich.

- **Zwei Annahmen bei der Regressionsanalyse**
- **Annahme 1: Linearität.**
- Obwohl nicht alle Probleme linearer Natur sind, kann durch eine Linearisierung das Problem ebenfalls mit einer Regressionsanalyse angegangen werden.
- Entsprechende Formel umstellen in die übliche Form und Variablen durch Lorarithmieren linearisieren.

$$y = \frac{S}{1+e^{a-bx}} \quad \left| \begin{array}{l} \dfrac{S}{y} = 1 + e^{a-bx} \quad \Rightarrow \quad \dfrac{S}{y} - 1 = e^{a-bx} \quad \Rightarrow \quad \dfrac{S-y}{y} = e^{a-bx} \quad \Rightarrow \\[2mm] \underbrace{\ln\left(\dfrac{S-y}{y}\right)}_{y^*} = a - bx \quad \Rightarrow \quad y^* = a - bx \Rightarrow y^* = a + b * x \end{array} \right.$$

$\rightarrow$ Entsprechende Logarithmen als Variablen definieren, berechnen und anschließend wieder zurückrechnen.
- **Annahme 2: Endogenität.**
- Regressionsanalyse kann Zusammenhänge, aber keine Beeinflussungen aufzeigen.
- Brutverhalten der Störche kann in Verbindung mit Geburtsrate der Menschen gebracht

werden, obwohl kein inhaltlicher Zusammenhang besteht.
- Frage ob A von B anhängt oder umgekehrt kann auch nicht beantwortet werden.
=> Korrelation ist nicht automatisch Kausalität.

- **Verhaltensorientierte Kaufentscheidungen**
  - **Stockholmer Dialog** (nicht klausurrelevant)
  - **Friedman** (*Homo Oeconomicus*): Theorien auf Basis der Rationalität aufgestellt
  - **Simon** (*Homo Sapiens*): Mensch ist eingeschränkt in Gedankenverarbeitung, deshalb manchmal befriedigende Lösungen, die nicht optimal sind, gewählt.
  - **Becker** (*Homo Oeconomicus*): Grenzenlose Rationalität, Vereinbarung von alltäglichen Dingen mit Rationalität; enthüllt, dass viele Entscheidungen unterbewusst rational getroffen werden.
  - **Kahnemann** (*Homo Sapiens*): Prospect Theory erklärt die Nutzenwahrnehmung des Menschen.

- **Verschiedene Marketingmethoden, welche den behavioral bias der Kunden ausnutzen.**
  - **Attraktionseffekt:** Wenn man zwei beinahe gleiche Angebote offeriert, das eine aber ein deutlich schlechteres Preis-Leistungsverhältnis aufweist, dann wird dasjenige mit dem besseren Preis-Leistungsverhältnis ausgewählt, obwohl ein unabhängiges Drittes womöglich eher den eigenen Präferenzen entsprochen hätte.
  - **Kompromisseffekt:** Schlechter in einer Eigenschaft, besser in der anderen als ein mögliches Vergleichsobjekt; dann wird immer das mittelwertige ausgewählt.
    → Wenn Basic, Premium und Luxus Version angeboten werden, wird meist die Premium Version bevorzugt.
  - **Substitutioneffekt:** Wenn zwei Produkte als Substitute wahrgenommen werden, dann wird zwischen diesen beiden das beste Preis-Leistungsverhältnis erforscht und die anderen Alternativen außer Acht gelassen.

- **Kahnemanns Zwei-Prozessmodell.**
  - Im Kopf gibt es zwei gedankliche Prozesse: Emotionales System und Kognitives System.
  - **Emotionales System** ist schnell wie ein Hase, aber liefert nicht immer die besten Ergebnisse.
    → Zielt auf unmittelbare Bedürfnisbefriedigung ab.
  - **Kognitives System** ist langsam, trifft dafür aber deutlich bessere (= wohlüberlegtere) Entscheidungen.

- **Prospect Theory von Kahnemann.**[4]

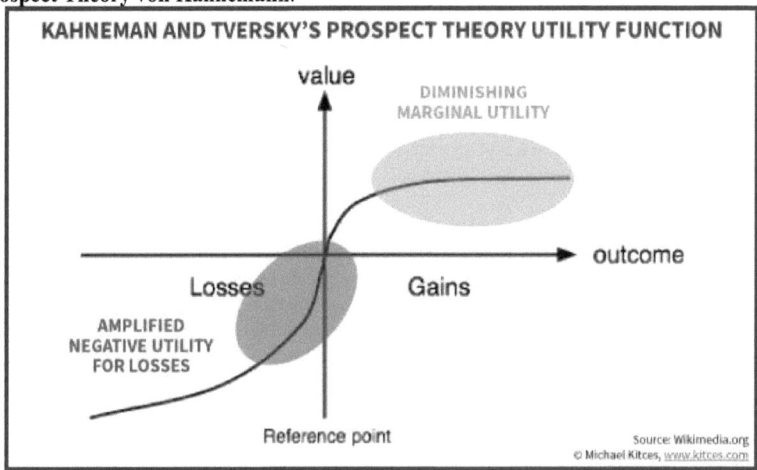

- Nutzenfunktion eines Menschen wird analysiert, drei Eigenschaften kristallisieren sich.
- **(1) Referenzpunkt**: Wird gesetzt und Abweichungen sind entsprechend Gewinne oder Verluste.
- **(2) Abnehmende Sensitivität**: Wenn schon 1 Millionen € gewonnen, dann machen 100 weitere Euro keinen Unterschied mehr, aber wenn erst 100 € gewonnen, dann schon.
- **(3) Verlustwahrnehmung**: werden (deutlich) negativer wahrgenommen als Gewinne positiv wahrgenommen werden.
- Nutzenfunktion ist abschnittsweise definiert:
- *Im Falle des Gewinnes* ist Nutzenfunktion x^a; fängt abnehmenden Grenznutzen ein.
  - A wurde beobachtet kleiner 1 (genauer: 0,88) zu sein.
- *Im Falle von Verlusten* wird Gewinnfunktion negativ und mit negativem λ multipliziert.
  - Lambda wurde beobachtet bei ca. 2,25 zu liegen.
=> Verluste werden mehr als doppelt so negativ wahrgenommen wie Gewinne positiv wahrgenommen werden.

- **Marktforschung.**
- **Definition**: Systematische und empirische Beschaffung sowie Aufbereitung von Informationen über Absatz- und Beschaffungsmärkte um Marketingentscheidungen zu fundieren.
- **Ablauf einer Marktforschungsstudie:**
  - (1) Problemstellung und Ziele definieren.
  - (2) Untersuchungsplan ausarbeiten.
  - (3) Datenerhebung und -analyse.
  - (4) Interpretation und Kommunikation der Ergebnisse.
- **Verschiedene Arten der Studiendurchführung.**
  - **Explorativ**: Besseres Verständnis für bisher unbekanntes Thema durch Experteninterviews.
  - **Deskriptiv**: Beschreibung der Korrelation, Prognosen aufstellen, mit Ad-hoch Befragungen untermauern.
  - **Kausal**: Zusammenhang oder Beeinflussung? Ursache-Wirkungs-Beziehung untersuchen durch Experimente.

---

4 Bildquelle: https://cdn.kitces.com/wp-content/uploads/2016/04/Graphics_5-1.png

- **Unterscheidung der Datenquellen.**
  - **Primärdaten**: Daten werden für diesen Zweck erhoben und sind deshalb qualitativ hochwertig.
  - *Erhebung durch Beobachtungen* (Trendforschung, Pattern-Analyse).
  - *Erhebung durch Befragungen.*
    - *Qualitative Befragungen*: Unstrukturierte Fragen um Entscheidungsfindung der Testperson analysieren zu können; Fokusgruppengespräch (Gruppendynamik; Kostenvorteile) oder Einzelbefragung (keine Gruppendynamik; höhere Bereitschaft sensible Themen anzusprechen).
    - *Quantitative Befragungen*: Strukturierte Fragen mit standardisierten Antwortmöglichkeiten; mündlich (am Telefon oder persönlich) ist zeit- und kostenaufwendig, schriftlich (meist online) mit geringen Kosten und hoher Flexibilität.
  - *Erhebung durch Mischformen* (Feld- oder Laborexperimente).
  - **Sekundärdaten**: Auf bereits existierende Daten wird zurückgegriffen und auf aktuelles Problem angepasst; geringe Kosten und Zeitaufwand.

- **Befragungsarten.**
  - **Nominalskalen**: Drei Antwortmöglichkeiten.
  - **Binäre Skalen**: zwei Antwortmöglichkeiten.
  - **Ordinalskalen**: Präferenzen in Hierarchie ausdrücken.
  - **Intervallskalen**: Skala von 1 – 10
  - **Verhältnisskalen**: Abschätzung (z.B. von Kaufwahrscheinlichkeit).
  - Vor- und Nachteile gewisser Methodiken.
  - Direkte Fragen über Präferenzen liefern meist nur triviale Antworten.
  - Fragen zu Wichtigkeit sind subjektiv, da eine 9 von 10 für jeden Kunden etwas anderes bedeutet.

- **Net Promoter Score NPS.**
  - Intervallskala bzgl. Weiterempfehlung an Freunde und Bekannte.

Score von 9 – 10: Promoters	Score von 7 – 8: Passives	Score von 0 – 6: Detractors

  - NPS = Promoters – Detractors.
  - Sehr einfaches Modell, liefert verlässliche Daten bzgl. Zufriedenheit, Loyalität und Wachstum.

- **Experimente.**
  - **Benchmark Case**: Genau gleiche Person einmal in Experimentgruppe und einmal in Kontrollgruppe einteilen und Effekt der Maßnahme vergleichen.
    - → Nicht möglich, da jedes Individuum einzigartig ist.
  - Kompromisslösung **A/B Test**: Möglichst ähnliche, repräsentative Gruppen werden gebildet und in Experiment- und Kontrollgruppe unterteilt.
  - **Klassifikation von Experimenten.**
    - *Querschnittsstudien*: Einmalige Untersuchung von verschiedenen Gruppen aus Kosten- und Schnelligkeitsgründen.
    - *Längsschnittstudien*: Versuchsgruppe(n) wird mehrmals zu verschiedenen Zeitpunkten untersucht und Ergebnisse miteinander verglichen um zeitliche Dynamik besser abzubilden.
    - *Laborforschung*: Kontrolle über Setting, aber geringe Übertragbarkeit der Ergebnisse auf Realität → Hohe interne, aber geringe externe Validität.
    - *Feldforschung*: Analyse alltagsnahen Verhaltens, aber keine Kontrolle über Störvariablen und externe Effekte → Hohe externe, aber geringe interne Validität.
      => Trade-off zwischen interner und externer Validität.
  - **Arten von Experimenten.**

- *EBA – Experiment*: Vorher-Nachher-Messung.
  - Veränderung vor der Maßnahme und nach der Maßnahme wird als Effekt gedeutet.
  - Problem des spill-over-Effektes (externe Effekte) und Lerneffektes (bewusste Teilnahme an Studie verändert Entscheidungen).
- *EA-CA – Experiment*: Vergleich zweier Gruppen.
  - Zwei möglichst ähnliche Gruppen werden in Experiment- und Kontrollgruppe unterteilt und Differenz im Verhalten als Effekt der Maßnahme gedeutet.
  - Problem des Lerneffekts wurde beseitigt, aber Gruppeneffekte entstehen, da beide Gruppen immer unterschiedlich sein werden.
- *EBA-CBA – Experiment*: Durchschnitt aus Vorher-Nachher-Messung zweier Gruppen.
  - Vorher-Nachher-Messung der Experimentgruppe wird um entsprechende Messung der Kontrollgruppe reduziert.
  - Problem des Lerneffektes und der Gruppeneffekte bleiben ungelöst.
- *EBA-EA-CBA – Experiment*: Zwei Experiment und eine Kontrollgruppe.
  - Vorher-Nachher-Messung von Experimentgruppe 1 wird um Differenz im Verhalten der Experimentgruppe 2 reduziert und anschließend noch um Effekt der Kontrollgruppe.

	EBA	EA-CA	EBA-CBA	EBA-EA-CBA
Gruppen	E	E: C	E:C	E1:E2:C
Messzeiten	bei E: B und A	Bei E: A bei C: A kein B	Bei E: B und A Bei C: B und A	bei E1: B und A bei E2: A bei C: B und A
Faktorwirkung	$x_1 - x_0$	$x_1 - y_1$	$(x_1 - x_0) - (y_1 - y_0)$	$(E_1{:}x_1 - E_1{:}x_0) - (E_1{:}x_1 - E_2{:}x_1) - (y_1 - y_0)$
Probleme	Spill-over-effekt (parallele Maßnahmen); Ursächlicher experimenteller Einfluss?	Gruppeneffekt? (schon vorher Differenz zwischen E und C?	Lerneffekt (Sensibilisierung durch Vorhermessung)?	Gelöst
Beispiele	Store-Test	Neuproduktakzeptanz mit und ohne Werbung	Matched-Samples (Vergleichbare Läden) – Store-Test	Labor-Werbepretest

- **t-Tests zur Berechnung der Signifikanz.**
  - Wenn Mittelwerte miteinander verglichen werden, immer einen t-Test durchführen um zu sehen ob Differenz signifikant ist.
  - Nullhypothese = Ergebnis der Kontrollgruppe ist gleich dem Ergebnis der Experimentgruppe.
  - Berechnung über folgende Formeln:

Schritt 2: Zweistichproben T-Test bei gleichen Varianzen

$$H_0 : \bar{x}_1 = \bar{x}_2 \quad H_1 : \bar{x}_1 \neq \bar{x}_2$$

$$t = \frac{|\bar{x}_1 - \bar{x}_2|}{s\sqrt{\dfrac{1}{N_1} + \dfrac{1}{N_2}}}$$

Schritt 2: Zweistichproben T-Test bei ungleichen Varianzen

$$H_0 : \bar{x}_1 = \bar{x}_2 \quad H_1 : \bar{x}_1 \neq \bar{x}_2$$

$$t = \frac{|\bar{x}_1 - \bar{x}_2|}{\sqrt{\dfrac{s_1^2}{N_1} + \dfrac{s_2^2}{N_2}}}$$

- **Gütekriterien.**
  - **Objektivität**: Unabhängigkeit zur durchführenden Person.
  - Wenn andere Person gleiches Experiment durchführt, soll er auch zum gleichen Ergebnis kommen können.
- **Reliabilität**: Stabilität unter Messung.
  - Wenn neue Messung durchgeführt, dann gleiche Auswertung wie zuvor.
- **Validität**: Messung des intendierten Gegenstandes.

13

- Systematischen Fehler beseitigen, Aussagekraft der Stichprobe deuten.

- **Traditionelle Sicht: Produktorientierung.**
  - Maximierung des Shareholdervalues durch Massenproduktion.
  - Je höher die Produktion, desto geringer die Kosten, desto geringer der Preis, desto höher die Nachfrage, desto höher die Produktion, etc.
  - Marktanteile als Schlüsselindikator für Marktwachstum.
  - **Aktuelle Zeit lässt diese Ansicht schwinden.**
  - Kurze Produktlebenszyklen & schnelle Nachahmung machen Monopole bedeutungslos.
  - Globalisierung nimmt Möglichkeit des lokalen Monopols.
  - Anspruchsvollere Kunden wollen nicht nur Produkt, sondern Service Solution.
  - Informationssysteme erlauben genaue Analyse des Kundenverhaltens.

- **Kundenzentriertes Marketing.**
  - **Unterschied zur Produktorientierung.**
  - Produktorientierung: The Customer is always right.
  - Kundenorientierung: The right Customer is always right.
  - **Definition Kundenorientierung**: Ausrichtung der Unternehmensstrategie an gegenwärtige und zukünftige Bedürfnisse ausgewählter Kunden um Shareholder Value langfristig zu maximieren.
  - Identifizierung von profitablen Kunden und Förderung dieser.
  - Fokus auf zukünftige Einnahmen durch Kundenlebenswertmaximierung.
    => Customer aquisition, Customer retention, Customer development.
  - **Wichtige Kennzahlen im kundenzentrierten Marketing.**
  - *Shareholder Value*: Marktwert des Equitys eines Unternehmens.
  - *Customer Equity*: Summe aus CLV aller Kunden.
  - *Customer Lifetime Value*: Deckungsbeitrag eines Kunden im gesamten Kundenleben.
    → Kein Fokus auf *Costs per Acquisition* (CPA), denn vergangenheitsortintiert.
  - *Churn / attention rate*: Abwanderungsrate der Kunden.

- **Kundenlebenswert im Falle von Abonnements.**
  - Zeitraum ist leicht zu beobachten, bei regelmäßigen Käufen kann man nicht sagen, ob Pause nur Ausnahme ist oder ob Kunde abgewandert ist.
  - **Zwei vereinfachende Annahmen:**
  - (1) Es werden Kohorten von Kunden miteinander verglichen (Alle Kunden, die sich in einem bestimmten Zeitintervall registriert haben).
  - (2) Zahlungen sind jedes Jahr am Anfang des Jahres fällig.
  - Analyse des Kundenwertes und der Customer Equity eines Unternehmens anhand der Daten einer Kohorte.
  - *Survivor function S (t)*: Wie viel % von den anfänglichen Kunden noch übrig sind.
  - *Kumulierte Dichtefunktion F (t)*: $1 - S(t)$.
  - *Dichtefunktion f (t)*: Ableitung von F (t), im diskreten Fall marginale Änderung von S (t).
  - Wahrscheinlichkeit einen Kunden in Periode t zu verlieren.
  - *Hazard h (t)*: Dichtefunktion / Survivorfunktion der letzten Periode.
  - Wahrscheinlichkeit einen Kunden in Periode t zu verlieren, der in der vorigen Periode noch gelebt hat.
  - **Traditionelle Kundenslebenswert-Berechnung.**

$$CLV = \sum_{t=0}^{T} m * \frac{r_t}{(1+d)^t}.$$	m = Netto Cash Flow der Kunden r = Retention rate = Survivor function d = Diskontierungszinssatz (meist 10%) t = Periode

  - **Problem**: Vergangenheitsorientiert; Zukünftiger

Value des Kunden wird nicht berücksichtigt.
=> Unterschätzung des Unternehmenswerts und des Kundenwerts.
- **Echter Kundenlebenswert.**
-

> E [v (t)] = erwarteter Netto Cash Flow des Kunden
> S (t) = Survivor function
> d (t) Diskontierungszinssatz

$$E\left(CLV\right)=\int_{0}^{\infty} E\left[v\left(t\right)\right]* S\left(t\right)* d\left(t\right)\quad dt$$

- CLV der Vergangenheit (wie oben berechnet) wird zum CLV der Zukunft addiert.
- CLV der Zukunft: Kunden in der aktuellen Periode x Summe aus diskontiertem 1 – h(t).

$$100€ \times \left(1+\frac{0.631}{1.1}+\frac{0.468}{1.1^2}+\frac{0.382}{1.1^3}+\frac{0.326}{1.1^4}+0.326 \times \sum_{i=5}^{\infty}\frac{0.853^{i-4}}{1.1^i}\right)=324€$$

→ Wird der Beobachtung gerecht, dass Kunden die länger im Unternehmen bleiben wertvoller sind.
=> Durch Annahme, dass Hazard konstant bleibt, wird Unternehmens- und Kundenwert noch immer unterschätzt.

- **Kundenlebenswert mittels Regression berechnen.**
  - Um genauere Bewertung des zukünftigen CLV vornehmen zu können, muss Survivor Function geschätzt werden, durch Regressionsmodell.
  - Linearer, quadratischer und exponentieller Zusammenhang wird unterstellt und R^2 sind recht hoch.
    → Zum Vergleich zweier Modelle auf das adjustierte R^2 schauen!
  - Trotz der hohen R^2 sind die Modelle nicht geeignet die Survival function zu schätzen.

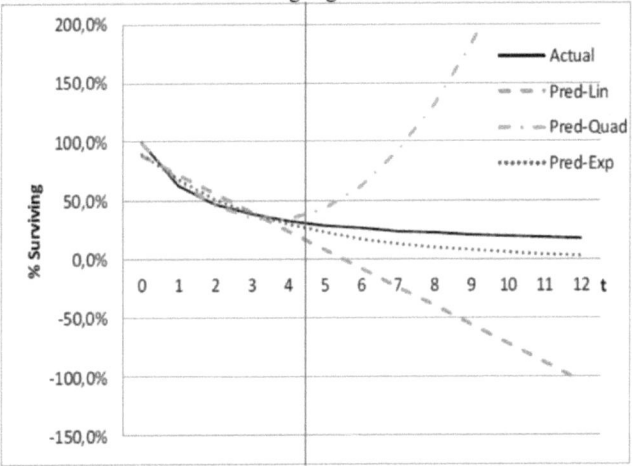

→ Aussagekraft von R^2 sind überschätzen.
→ Regressionsmodelle eignen sich nicht für derartige (degressive) Probleme.

- **Kundenlebenswert mittels Schätzfunktion berechnen.**
  - Annahme, dass Kunden zum Ende jedes Jahres mit einer gewissen Wahrscheinlichkeit Θ entscheiden ob Kündigung oder Verlängerung.

15

- Binonialverteilung aufstellen, ergibt
  - für t = 1: $P(t = 1 | \Theta) = \Theta$.
  - für t > 1: $P(t = x | \Theta) = \Theta * (1 - \Theta)^{t-1}$.
- Mit Informationen aus der jetzigen Periode den Parameter Θ nach Maximum Likelihood schätzen.

t	# customers	#churners
0	1000	
1	631	369
2	468	163
3	382	86
4	326	56

$\theta^* = 0.272$

$$\max_{\theta} L = [P(T=1 | \theta)]^{369} \cdot [P(T=2 | \theta)]^{163} \cdot [P(T=3 | \theta)]^{86} \cdot$$
$$[P(T=4 | \theta)]^{56} \cdot [P(T>4 | \theta)]^{326}$$

$$\max_{\theta} L = \theta^{369} \cdot [\theta \cdot (1-\theta)]^{163} \cdot [\theta \cdot (1-\theta)^2]^{86} \cdot$$
$$\cdot [\theta \cdot (1-\theta)^3]^{56} \cdot [(1-\theta)^3]^{326}$$

$$\max_{\theta} LL = 369 \cdot \ln(\theta) \cdot 163 \cdot \ln[\theta \cdot (1-\theta)] \cdot 86 \cdot \ln[\theta \cdot (1-\theta)^2] \cdot$$
$$\cdot 56 \cdot \ln[\theta \cdot (1-\theta)^3] \cdot 326 \cdot \ln[(1-\theta)^3]$$

=> Dennoch eine Unterschätzung der Survivor Function.
- Ursache sind implizit getroffene Annahmen, die aber falsch sind.
- (1) Stationarität: Kunden entwickeln sich über die Zeit und lernen dazu.
- (2) Unabhängigkeit: Gruppeneffekte, WOM, Referral Management.
- (3) Vernachlässigung der Marketing-Aktivitäten: Artificial Demand erschaffen.
- (4) Homogenität: Jeder Kunde ist höchst-individuell.

- **Second Lifetime Value.**
- Wie viel ist ein wiedergewonnener Kunde wert?
- Geringere Akquisitionskosten, kennt Produktpalette bereits, mglw. von Konkurrenz enttäuscht, Abo hat über Zeit an Nutzen gewonnen (Netzwerkeffekt).
- Erneuter Austritt stellt keine Hürde dar, mglw. nur Rabatte ausnutzen.
- Berechnungen zeigen, dass wiedergewonnener Kunde über 3x wertvoller ist als vorher, aber weniger wert als Neukunde.

- **Preispositionierung.**
- Niedrigpreis-Strategie: Wahrgenommener Preis & Wert sind gering.
- Mittelpreis- und Höchstpreis Strategie entsprechend.
- **Advantage position**: Wahrgenommener Preis ist niedrig aber wahrgenommener Wert hoch.
- Ungünstig für das Unternehmen, könnte durch Preiserhöhung auch Profit steigern.
- **Fleece position**: Wahrgenommener Preis ist viel höher als wahrgenommener Wert.
- Unternehmen findet kaum Absatz, muss Preise senken oder Qualität erhöhen.
- Wahrgenommener Nutzen: funktional (Produkteigenschaften), emotional, symbolisch (soziale Anerkennung), sozial (altruistischer Nutzen).

- **Strategische Preispositionierung.**
- **Niedrige Preisposition.**
- Fokus auf rudimentäre Produkteigenschaften.
- Konstant niedrige Preise, keine Angebote.
- Wenig Serviceorientierung.
- Wenig Distributionskanäle, meist Internet.
- Günstige Werbung mit Fokus auf Preis.
- **Mittlere Preisposition.**
- Fokus auf starke Marke und funktionale Werte.

- Variierende Preise mit häufigen Angeboten.
- Verwendung von Bundling.
- Viele Distributionskanäle.
- Teure Werbung mit Fokus auf funktionalen Eigenschaften.
- **Hohe Preisposition.**
- Fokus auf Qualität, Innovation oder Tradition.
- Konstant hohe Preise, keine Angebote.
- Hohe Exklusivität.
- Ausgewählte Distributionskanäle.
- Teure Werbung mit Fokus auf einzelne, besondere Aspekte.
- Früher häufig mittlere Preisstrategie, heute eher niedrige und hohe.
- Kundenansprüche haben sich gewandelt, entscheiden sich nach Preis oder Marke.
- Transparenz zwischen Wert und Preis des Produktes hat sich verbessert.

- **Preisanalyse.**
- Verkäufer muss **Preiskorridor** ausfindig machen: Intervall zwischen Zahlungsbereitschaft der Kunden und Kosten.
- Traditionelle Preisbestimmung: **Kosten-Plus Preisgestaltung.**
- Preis = Kosten + gewollter Gewinn.
- **Vorteile**: Einfach, schnell berechnet, hohe Sicherheit.
- **Nachteile**: Nachfrage, Wettbewerb und Zahlungsbereitschaft der Kunden vernachlässigt.
  => Lackierungskosten auf „metallic" betragen 10€, Markt ist aber bereit bis zu 550€ für metallic Auto zu bezahlen, Marge von 10.900%.
- **Wettbewerbsorientierte Preisgestaltung.**
- Preis = Preis der Leaders +/-   → (Preis-Adaption oder Differenzierung).
- **Vorteile**: Leicht zu berechnen, Wettbewerb und Zahlungsbereitschaft beachtet.
- **Nachteile**: Gleiche Kostenstruktur und genaue Preisanalyse durch den Leader angenommen.
- **Kundenorientierte Preisgestaltung.**
- Preise an Kosten, Wettbewerb und Zahlungsbereitschaft orientiert.
- **Vorteile**: Genaue Prognose möglich, optimaler Preis berechnet.
- **Nachteile**: Kosten- und zeitintensiv, komplexe Datenerhebung und -auswertung.

- **Preisdifferenzierung nach Pigou.**
- Erster Grad (perfekt): Für jeden Kunden einen anderen Preis entsprechend seiner maximalen Zahlungsbereitschaft verlangen.
- Zweiter Grad: Kunden können wählen und sich beste Alternative nach eigenen Präferenzen auswählen.
- Dritter Grad: Differenzierung nach objektiven Merkmalen (Studentenrabatt).

- **Bundling.**
- Definition: Mengenbezogene Preisdifferenzierung indem mehrere Produkte als ein Paket vermarktet werden.
- Unbundling: Einzelprodukte anbieten.
- Pure Bundling: Ein Paket bestehend aus mehreren Einzelprodukten wird angeboten.
- Mixed Bundling: Sowohl Produkte separat als auch im Paket anbieten.
- **Vorteile des Bundlings.**
- Für den Verkäufer: WTP des Kunden abschöpfen, Cross-Selling, System Business (nicht in jeder Produktkategorie mit Markt konkurrieren, sondern nur noch im Paket), Kostenreduktion.
- Für den Kunden: Rabatte, Bequemlichkeit, Lösungsorientiertes Angebot, Transaktionskostenreduktion.

- **Ziele des Bundlings.**
  - Gewinnmaximierung durch Preisdifferenzierung.
  - Segmentierung des Kunden.
  - Verbergen von Preiserhöhungen.

- **Numerisches Beispiel für Bundling.**
  - Zwei Produkte mit VC von je 2€, 4 Konsumenten mit folgender WTP

Konsument	WTP_1	WTP_2	WTP_{1+2}
1	2	14	16
2	9	9	18
3	6	12	18
4	14	2	16

  - Kunde kauft nur, wenn seine CS größer gleich 0 ist (individual rationality constraint), bevorzugt Bundle nur, wenn CS höher als bei Einzelprodukt ist (incentive compatibility constraint).
  - Jeweils ausprobieren und profit-maximizing Preis berechnen.
  - Preis an WTP der Kunden orientieren, absetzbare Menge prognostizieren und mit Stückgewinn multiplizieren.
  - Normalerweise ist Mixed Bundling profit-maximizing Variante, muss aber nicht immer sein, hängt von WTP der Kunden ab.
  - **Illustration von Bundling.**

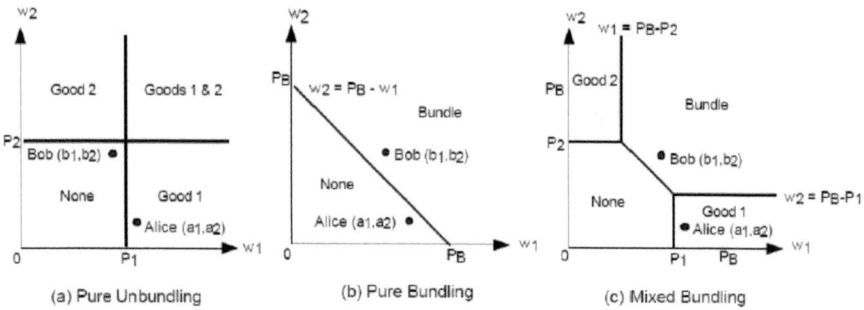

(a) Pure Unbundling (b) Pure Bundling (c) Mixed Bundling

- **Produktpolitik.**
  - **Definition Produkt**: Objekt, welches auf dem Markt angeboten wird und sich zur Bedürfnisbefriedigung eignet.
  - **4 Eigenschaften von Dienstleistungen.**
    - Immaterialität.
    - Schwankungen in der Dienstleistungsqualität.
    - Beteiligung beider Vertragsparteien.
    - Nichtlager- und -transportfähigkeit.
  - **Produktdimensionen.**
    - Kernprodukt.
    - Reales Produkt: Verpackung, Marke, Qualität.
    - Erweitertes Produkt: After-Sales Service, Finanzierungsalternativen, Aufbau / Installation.
  - **Festlegung des Leistungsprogramms.**
    - Produktmanager muss sich entscheiden ob in Breite (mehr Produktlinien) oder in Tiefe (mehr

Produkte in einer Linie) geht.
- Frage nach Produktinnovation, Produktvariation und Produktelimination wird firmenspezifisch angegangen.
- Unterscheidung zwischen Marktbearbeitung (aktiv) und Marktreaktion (passiv), abgestimmt auf die Phase im Life Cycle des Produkts.

- **Neuproduktentwicklung.**
  - **Innovationen sind** in den meisten Fällen **inkrementell.**
  - Reduktion: Durch Reduktion einer Eigenschaft, z.B. Gewicht oder Lautstärke.
  - Hinzufügen: z.b. Funktionen, welche zwar vorhanden, aber nicht auf diesem Gerät möglich waren.
  - Verstärken/Erhöhen: z.b. Speicherplatz.
  - Eliminieren: Tastatur beim Smartphone gegen Touchscreen.
  - **Innovationsprozess.**
    - (1) Ideengenerierung.
    - (2) Filterung.
    - (3) Konzeptdefinition.
    - (4) Bewertung.
    - (5) Prototyptwicklung.
    - (6) Test.
    - (7) Produktionsvorbereitung.
    - (8) Markteinführung.
    - → Nur 0.1 % aller Innovationen schafft es zur Markteinführung.
  - **Möglichkeiten der Ideenfindung.**
  - (1) Outsourcing an den Kunden: Kunden Verbesserungsvorschläge machen lassen; Steam Workshop.
  - (2) Brainstorming: z.B. Diskussion 66: Gruppe aus 6 Personen hat 6 Minuten Zeit Ideen zu diskutieren und sich auf eine neue zu einigen.
  - (3) Brainwriting: z.B. Methode 635: Jeder der 6 Personen schreibt 3 Ideen auf einen Zettel und Zettel wird 5x weitergereicht, immer wird erste Idee auf Zettel verfeinert.
  - (4) Systematische Strukturierung: Unterteilung in Teilprobleme, die einzeln gelöst und dann wieder zusammengefügt werden.
  - **Bewertungskriterien von Produktentwicklung.**
  - Marktbezogene Bewertung: Marktwachstum, -volumen, -potential.
  - Kundenbezogene bewertung: Bedürfniserfüllung, Zahlungsbereitschaft.
  - Wirtschaftliche Bewertung: Deckungsbeitrag & Umsatz.
  - Unternehmensbezogene Bewertung: Synergien, Fit im Unternehmen.
  - Juristische Bewertungskriterien: Rechtliche Beschränkungen, vorhandene Patente.

- **Discrete Choice Experimente.**
  - **Anwendung:** Wenn das Unternehmen noch keinerlei Erfahrung mit diesem Produkt / Produktkategorie hat, meist weil solche Produkte Weltneuheiten sind.
  - **Intuition:** Ganze Alternativen werden miteinander verglichen, nicht nur eine Eigenschaft.
  - Kunde hat die Wahl aus jeweils 2 Alternativen und der Nicht-Kaufoption.
  - Durch Variation kann auf Bedeutung jeder einzelnen Eigenschaft für den Kunden geschlossen werden.
  - Kunden schreiben bestimmten Eigenschaften gemäß ihren Präferenzen unterschiedlichen Nutzen zu und treffen dann eine Entscheidung.
  - **Vorgehensweise bei Discrete Choice Experimenten.**
  - (1) Auswahl von Eigenschaften, deren Ausprägungen und Spezifikationen der

Nutzenfunktion.
- (2) Effizientes Modell aufsetzen.
- (3) Erhebung der Präferenzen.
- (4) Schätzung der Zahlungsbereitschaft.
- (5) Bewertung des Model Fits.
- (6) Interpretation der Ergebnisse.
- (7) Marktstimulation.
- **Schritt 1: Auswahl der Eigenschaften.**
- Geeignete Eigenschaften auswählen und Alternativen anbieten.
- Beispiele: Marke, Preis, produktbezogene Eigenschaften, Vergleich zur Konkurrenz.
- **Schritt 2: Effizientes Design.**
- Informationsgehalt in jeder Entscheidung soll maximiert werden.
- Software stellt optimales Layout zusammen und kann mit minimaler Anzahl an Fragen maximalen Informationsgehalt erreichen.
- Gleiche Häufigkeit für alle Alternativen um auf individuelle Präferenzen zu schließen.
- **Schritt 3: Erhebung der Präferenzen.**
- Folgende Situation ist gegeben.

Choice Set 1	Alternative 1	Alternative 2	Alternative 3
Eigenschaft 1	Ausprägung 1.1	Ausprägung 1.2	Ausprägung 1.3
Eigenschaft 2	Ausprägung 2.1	Ausprägung 2.2	Ausprägung 2.3
Eigenschaft 3	Ausprägung 3.1	Ausprägung 3.2	Ausprägung 3.3
Eigenschaft 4	Ausprägung 4.1	Ausprägung 4.2	Ausprägung 4.3

- (a) Aussuchen einer beliebigen Alternative als Referenz (meist die letzte, hier: Alt. 3).
- (b) Aufstellen der Stimuli Tabelle.
- 1. Spalte die Alternativen, 2. Spalte Intercept (bei Produkt = 1; bei Referenz = 0).
- Alle Zeilen der Referenzalternative auf 0 setzen.
- In der obersten Zeile alle Ausprägungen der nicht-Referenzalternativen eintragen.

Stimuli	Intercept	Aus 1.1	Aus 1.2	Aus 2.1	Aus 2.2	Aus 3.1	Aus 3.2	Aus 4.1	Aus 4.2
Alt. 1	1								
Alt. 2	1								
Alt. 3	0	0	0	0	0	0	0	0	0

- (c) Für jedes Choice Set die entsprechenden Daten eintragen.
- Die Alternative, die der Kunde gewählt hat, besteht aus anderen Ausprägungen als oben in der Tabelle; auf die Ausprägungen achten.
- Wenn Referenzausprägung gewählt wurde, dann in Tabelle bei beiden zugehörigen Ausprägungen -1 einsetzen.
- Wenn eine Ausprägung gewählt wurde, dann 1 eintragen, bei anderer entsprechend 0.
- **Beispiel**: Kunde hat folgende Alternative gewählt: Ausprägung 1.1, Ausprägung 2.2, Ausprägung 3.3, Ausprägung 4.1.
- Dann sieht Tabelle wie folgt aus.

Stimuli	Intercept	Aus 1.1	Aus 1.2	Aus 2.1	Aus 2.2	Aus 3.1	Aus 3.2	Aus 4.1	Aus 4.2
Alt. 1	1	1	0	0	1	-1	-1	1	0
Alt. 2	1								
Alt. 3	0	0	0	0	0	0	0	0	0

- Graue Zeile würde entsprechend ausgefüllt werden, nach Choice Set.

20

=> Unterstellt man eine **lineare Beziehung** (meist beim Preis), reicht es die konkreten
Werte einzutragen und nicht jede Ausprägung einzeln.
- (d) Einzelne Parameter können jetzt geschätzt werden.
- Über alle Choice Tests hinweg die Werte je Ausprägung aufsummieren und als Beta mit
  entsprechendem Index ausweisen.
- Beta der Referenz ist immer negative Summe der anderen Ausprägungsbetas.
- **Schritt 4: Nutzenfunktion schätzen.**
- Random utility theory: Nutzenfunktion enthält deterministische (alles was man beobachten
  kann) und stochastische Komponente (nicht Beobachtbares).
- Value Funktion: $V_{h,i} = \beta_{h,0} \sum_j \sum_{mj} \beta_{h,mj} * x_{h,mj} + w_h * p_i$.
- Choice Probability: $Pr(Alt. \ X_1) = \dfrac{\exp(X_1)}{\sum_{i=1}^{n} \exp(X_i)}$.
- Utility der Alternative berechnen: Intercept Konstante + Betas der vorkommenden
  Ausprägungen.
- Choice Probability: exp der Utility geteilt durch Summe der exp der Utility aller Alternativen.
- Erwarteter Profit: Preis minus Kosten multipliziert mit Wahrscheinlichkeit.
- **Schritt 6: Wichtigste Eigenschaften identifizieren.**
- Spannweite = Max Beta einer Eigenschaft – Min Beta der gleichen Eigenschaft.
- Bedeutungsgewicht = Spannweite einer Eigenschaft / Summe Spannweite aller Eigenschaften.
- **Schätzung von Zahlungsbereitschaften.**
- **Drei Voraussetzungen:** Preis und nicht-Kaufoption müssen im Choice Set abgebildet
  werden und Preis muss linear sein.
- Zahlungsbereitschaft für eine Alternative ist Aufsummierung der entsprechenden Beta
  Parameter ohne den Preis und durch den negativen Preisparameter teilen.
- $WTP = \dfrac{\sum_{t=1}^{T} Beta\ Parameters\ for\ respective\ alternative}{-(Priceparameter)}$.
- **Equalization Price.**
- Optimaler Preis für eine Eigenschaftsausprägungsverbesserung im Vergleich zur schlechteren
  Ausprägung; equalization price wird auf Preis der schlechten Ausprägung aufaddiert.
- Zwei ausgewählte Ausprägungen miteinander vergleichen, bessere – schlechtere durch
  negativen Preisparameter teile.
- $Equalization\ Price = \dfrac{Beta\ (bessere\ Ausprägung) - Beta\ (schlechtere\ Ausprägung)}{negativer\ Preisparameter}$.

- **Kommunikationspolitik.**
- Maßnahmen eines Unternehmens um dessen Leistungen den relevanten Zielgruppen anpreisen.
- Unternehmen kann eigene Werbung schalten oder Handel dazu bringen selbst Werbung für das
  Unternehmen zu machen (abhängig von Machtposition).
- **Ziel der Kommunikationspolitik.**
- Optimaler Mix aus Kommunikationsinstrumenten bei gegebenem Budget um möglichst viele
  Menschen möglichst effektiv anzusprechen.
- Entweder über **ökonomische Kommunikationsziele** oder **außer-ökonomische
  Kommunikationsziele.**
- Ökonomisch: Gewinn, Umsatz, Marktanteil.
- Außer-ökonomisch: **Kognitive** oder **affektive** Kommunikationsziele.
- Kognitiv: Aufmerksamkeit, Wahrnehmung, Bekanntheitsgrad.

- Affektiv: Einstellung und Image, emotionales Erleben von Marken.

- **Markenpolitik.**
  - Marke ist eine verankerte Vorstellung zur Identifizierung eines Unternehmens bzw. Abgrenzung zur Konkurrenz.
  - **Funktionen von Marken.**
    - Markenführer: Element zur Differenzierung, Identifikationspotenzial, Kunden sollen Präferenzen bilden und höhere Zahlungsbereitschaft aufbauen.
    - Absatzmittler: Vereinfachte Kommunikation, geringeres Absatzrisiko.
    - Nachfrager: Orientierungshilfe, Risikoreduktion, Erlebniswert.
  - **Markenstrategien.**
  - **(I) Einzelmarken.**
    - Produkte werden alle unter diversen Markennamen am Markt angeboten, Verbindung zu Konzernmutter wird versteckt.
    - **Vorteile**: Spezifische Positionierung, schlechte Publicity schlägt keine großen Wellen.
    - **Nachteile**: Kostenaufwand für Marketing und Administration.
  - **(II) Mehrmarken.**
    - Mehrere Marken für eine Produktart.
    - **Vorteil**: Wettbewerber werden Marktanteile entrissen.
    - **Nachteile**: Kannibalisierung (eigene Marke nimmt anderer eigenen Marke Kunden weg), hohe Marketing- und Verwaltungskosten.
  - **(III) Markenfamilien / Familienmarken.**
    - Eng beieinander liegende Produktarten werden unter einer Marke vertrieben.
    - **Vorteile**: Geringe Marketingkosten für vergleichsweise hohen Ertrag.
    - **Nachteile**: Schlechte Nachrichten (Kundenunzufriedenheit, schlechte Testergebnisse) verschlechtern Image vieler Produkte.
  - **(IV) Dachmarke.**
    - Traditioneller Firmenname steht hinter allen Produktarten und -gruppen.
    - **Vorteile**: Bekanntheitsgrad der Marke verhilft neuen Produkten, geringe Marketingkosten.
    - **Nachteile**: Imageschäden sind am schwerwiegendsten; je höher die Produktdifferenzierung, desto weniger neigen die Kunden dazu zu glauben, dass die Qualität aller Produktarten und -gruppen einheitlich (hoch) ist.
  - **Aufbau einer Marke.**
    - Ziel ist es Entscheidungen des Kunden durch Markenelemente (Logo, Slogan, Symbole, etc.) zu steuern.
    - **Central Route to Persuasion**: Bei hohem Involvement und Bereitschaft des Screening, dann Fokus auf informative Wissensvermittlung legen.
    - Z.B. in Zeitschriften im Wartezimmer beim Arzt, in letzter Zeit immer seltener geworden.
    - **Peripheral Route to Persuasion**: Geringes Involvement, keine Zeit für Auseinandersetzung mit Werbung und Produkt.
    - Fokus auf grundlegende Heuristiken wie social proof (jeder macht es), Zeitdruck (fast ausverkauft), Consistency (Tradition) und Liking (auf Prominenten verweisen, welcher Produkt mag).
    - **Points of Difference (PoD)**: Marketing legt Fokus auf Unterschiede zur Konkurrenz, auf Features die der Kunde will, aber von der Konkurrenz (noch) nicht bekommt.
    - **Points of Parity (PoP)**: Marketing legt Fokus auf Gemeinsamkeiten zur Konkurrenz um zu zeigen, das man mithalten kann; eigene Marke hat nur leichte Verbesserungen.
      - **Category PoPs**: Fokus auf Must-have Kriterien (Qualität, Geschmack) mit leichter Differenz zum Markt (billig, wenig Kalorien).
      - **Competitive PoPs**: Fokus auf Eigenschaften, welche Konkurrenz nicht derlei ausgeprägt

anbietet und neuen Nutzen stiften.
- **Differenzierung über irrelevante Informationen**: Abgrenzen von Wettbewerb durch neuartige, aber eigentlich unnütze „Innovation" (Koffein für die Haare).
  - Strategie sehr erfolgreich bei Firmen mit geringer Nachfrage um Kunden zu verunsichern und Absatz zu erhöhen.

- **Werbebudgetierung.**
  - 4 Grundsatzentscheidungen bei Werbemaßnahmen.
  - Definition der Ziele: Absatzziele, Bekanntheitsgrad.
  - Festlegung des Budgets: Im Vergleich zur Konkurrenz, anhand verfügbarer Mittel.
  - Werbestrategie entwickeln: Test, Auswahl und Umsetzung der Werbebotschaft, Auswahl der Werbeträger etc.
  - Messung der Werbewirkung: Wirkung auf Absatz, auf Bekanntheitsgrad erfassen.
  - **4 Einfache Heuristiken zur Budgetfestlegung.**
  - (1) „All you can afford"-Methode: Anhand verfügbarer Mittel.
  - (2) „Percentage of Sales"-Methode: Prozentsatz des Umsatzes.
  - (3) „Competitive Parity"-Methode: Im Vergleich zur Konkurrenz.
  - (4) „Objective and Task"-Methode: Anhand Marketingziele und -aufgaben.
  - **Probleme mit diesen einfachen Heuristiken.**
  - Umgekehrte Kausalität: Werbung soll Umsatz beeinflussen und sich nicht daran orientieren.
  - Wettbewerbsreaktionen, Marktchancen und Kundenreaktionen werden vernachlässigt.
  - Gefahr der Abwärtsspirale: In schlechten Zeiten weniger Werbung.
  - Keine Gewinnmaximierung angestrebt.
- **Allokation der Marketing Ressourcen** kann nach drei Schritten erfolgen.
  - (1) Strategische Ressourcenallokation: BCG-Matrix, Life-Cycle Concept.
  - (2) Heuristiken (siehe oben).
  - (3) Normative Ansaätze: Exakte Methoden, Elastizität.
  - Dorfman Steiner Theorem: $\dfrac{Werbebudget}{Preis * Menge} = \dfrac{Werbeelastizität}{-(Preiselastizität)}$.
  - Im Falle eines multiplikativen Zusammenhangs (Menge hängt nur von Faktoren und nicht von Summanden ab) ist Werbeelastizität der Exponent der Werbekosten und Preiselastizität der Exponent des Preises.
  - Beide Elastizitäten eingesetzt ergibt einen Prozentsatz, sagt aus wie viel % vom Umsatz für Werbeausgaben eingesetzt werden sollte.
    → Zukunftsorientiert, da Menge eine Funktion aus Preis und Marketingmaßnahmen ist.

Deep Dives im Marketing.

- **(I) Messung des Konsumentenverhaltens mittels Regression (Slides 82 – 103).**
- Absatzwirtschaftliches Ziel (Umsatz, Gewinn) hängt ab von (= ist eine Funktion von) Marketing-Mix-Instrumenten (ersteres ist endogen; letzteres exogen).
- **Fragestellung**: In welchen Bereich des Marketing Mixes hat eine Investition den größten Nutzen?
  → Regressionsmodell aufstellen.
- **Gegebene Informationen:**
  - Absatzwirtschaftliches Ziel (Menge pro Periode; Gewinn pro Periode; Umsatz im Jahr).
  - Eingesetzte Marketing-Mix-Instrumente (Ausgaben für Werbung, Preis pro Stück).
  - Regressionsgleichung (Zusammenhang der einzelnen Größen).
  - Weder alpha noch beta schätzen (nicht in Formelsammlung), aber möglicherweise Bestimmtheitsmaß ausrechnen.
  - (1) Informationen aus Bestimmtheitsmaß ableiten.
  - Wie viel % der Varianz in den beobachteten Werten kann vom Modell erklärt werden.
  - Wert liegt zwischen 0 und 1; je höher, desto besser.
  - Beim Vergleich zweier Regressionsmodelle miteinander auf Anzahl der geschätzten Variablen achten, wenn sich unterscheiden, dann mittels adjustiertem Bestimmtheitsmaß vergleichen.
  - (2) Informationen über die Schätzer.
  - Hochsignifikanter Zusammenhang: p-Wert kleiner als 0,01.
  - Signifikanter Zusammenhang: p-Wert kleiner als 0,05 und/oder Betrag vom t-Wert größer als 2.
  - Koeffizient gibt an welchen Effekt eine marginal Änderung mit sich bringt.
    → Betas sind in der Regel immer positiv, außer beim Preis (steigt der Preis, sinkt der Absatz).
  - (3) Vorhersage mit dem Modell treffen.
  - Entsprechend gegebene Werte in die Regressionsgleichung einsetzen.
  - **Zwei Variablen ändern um Wirkung auszugleichen.**
  - Zuerst den zu erwartenden Effekt der einen Änderung berechnen (z.B. Preiserhöhung).
  - Erwarteten Absatzrückgang durch Preiserhöhung teilen durch marginale Absatzerhöhung durch z.B. Erhöhung der Marketingausgaben um benötigte Summe für die Investition ins Marketing auszurechnen.
  - (4) Grenzen des Modells.
  - **Annahme 1: Linearität.**
  - Obwohl nicht alle Probleme linearer Natur sind, kann durch eine Linearisierung das Problem ebenfalls mit einer Regressionsanalyse angegangen werden.
  - Entsprechende Formel umstellen in die übliche Form und Variablen durch Logarithmieren linearisieren.
  - **Annahme 2: Endogenität.**
  - Regressionsanalyse kann Zusammenhänge, aber keine Beeinflussungen aufzeigen.
  - Frage ob A von B anhängt oder umgekehrt kann auch nicht beantwortet werden.
  => Korrelation ist nicht automatisch Kausalität.
- **FAQ Regression.**
  - *(aa) Interpretieren Sie die Koeffizienten hinsichtlich Signifikanz, Wirkungsrichtung und Plausibilität.* Beispiel: Parameter Ψ Koeffizient: 777; t-Wert: 5 ; p-Wert 0.001
    - **Signifikanz**: Höchst-signifikant.
    - **Wirkungsrichtung**: Ψ um marginale Einheit erhöht, dann Absatz um 777 Einheiten erhöht.
    - **Plausibilität**: Investition in Ψ (z.B. Marketingausgaben) erhöht normalerweise auch Absatz.
  - *(bb) Erkläre & interpretiere das Bestimmtheitsmaß, möglichen Wertebereich, optimaler Wert.*

- Bestimmtheitsmaß: Wie viel % der Varianz in beobachteten Werten durch Modell erklärt werden kann, liegt zwischen 0 und 1 da Prozentzahl, möglichst hoch, optimaler Wert = 1.
- Weil hier (z.b.) $R^2 = 0.85$ ist, ist Modell sehr zuverlässig, aber R^2 nicht überschätzen.
- *(cc) Berechne den prognostizierten Absatz bei diesen gegebenen Werten.*
- Werte in Regressionsgleichung eingeben und geschätzte Koeffizienten.
- *(dd) Berechne Veränderung zweiter Variable um Effekt der ersten Änderung auszugleichen.*
- Absatzmenge ist 900, aber fix; jetzt verändert sich aber saisonale Nachfrage um 2; um wie viel Preis erhöhen um von dieser Nachfrageerhöhung trotzdem zu profitieren?
- Veränderung durch saisonale Nachfrageerhöhung berechnen: S-Koeffizient * 2.
- Preiserhöhung pro Produkt berechnen: $\dfrac{S\text{-}Koeffizient * 2}{Preis\text{-}Koeffizient}$.

- **(II) Kundenlebenswert Berechnung (Slides 169 - 180).**
- Gegeben sind die Daten über eine Kundenkohorte an einem bestimmten Zeitpunkt (Werte über Vergangenheit sind fix, Werte für Zukunft nur Prognosen).
- Ausrechnen der zugehörigen Funktionen.
- **Survivor Function:** $S\left(t\right) = \dfrac{Kunden\ Periode\ t}{Kunden\ Periode\ 0}$ = % der Kunden die zum Zeitpunkt t noch leben.
- **Kumulative Dichtefunktion:** $F\left(t\right) = 1 - S\left(t\right) = \dfrac{Kunden\ Periode\ 0 - Kunden\ Periode\ t}{Kunden\ Periode\ 0}$.
- **Dichtefunktion:** $f\left(t\right) = F'\left(t\right) = -\left(S\left(t\right) - S\left(t-1\right)\right)$ = Wie hoch ist die % einen Kunden zum Zeitpunkt t zu verlieren.
- **Hazard Rate:** $h\left(t\right) = 1 - \dfrac{Kunden\ Periode\ t}{Kunden\ Periode\ t-1}$ = % einen Kunden in Periode t zu verlieren, der in Periode t-1 noch gelebt hat.
- Traditionelle Kundenlebenswertberechnung.
- $CLV_{trad} = \sum\limits_{t=0}^{T} Netto\ Cash\ Flow * \dfrac{retention\ rate_t}{\left(1+i\right)^t}$.
- **Problem:** Vergangenheitsorientiert; Zukünftiger Value des Kunden wird nicht berücksichtigt. => Unterschätzung des Unternehmenswerts und des Kundenwerts.
- Zukunftsorientierte Kundenlebenswertberechnung.
- $CLV_{zuk} = retention\ rate\ Periode\ m - 1 * \sum\limits_{t=m}^{M} \dfrac{\left(hazard\ m\right)^{m-t}}{\left(1+i\right)^t}$.
- **Problem:** Modell trifft falsche Annahmen.
- (1) Stationarität: Kunden entwickeln sich über die Zeit und lernen dazu.
- (2) Unabhängigkeit: Gruppeneffekte, WOM, Referral Management.
- (3) Vernachlässigung der Marketing-Aktivitäten: Artificial Demand erschaffen.
- (4) Homogenität: Jeder Kunde ist höchst-individuell.

- **(III) Gewinnoptimales Bundling (Slides 209 – 220).**
- Vorteile Verkäufer: Zahlungsbereitschaft abschöpfen, Cross-Selling, Kostenreduktion, System-Business.
- Vorteile Kunde: Rabatt, Bequemlichkeit, Lösungsorientierung, Transaktionskostenreduktion.
- Kunde kauft nur, wenn seine CS größer gleich 0 ist (individual rationality constraint), bevorzugt Bundle nur, wenn CS höher als bei Einzelprodukt ist (incentive compatibility constraint).

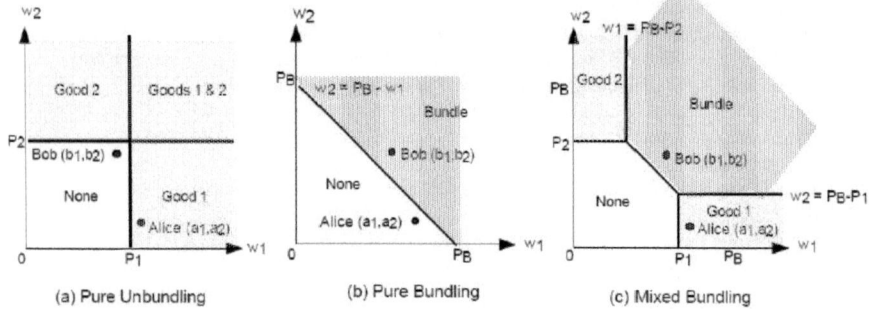

(a) Pure Unbundling   (b) Pure Bundling   (c) Mixed Bundling

- Gegeben sind: (i) Zahlungsbereitschaften der Kunden für Produkt 1 und 2 und Bundle sowie (ii) variable Kosten für Produkt 1 und 2.
- Preis muss so gewählt werden, dass Profit maximiert wird.
- **Intuition**: (In der Regel:) Preis für das Bundle recht hoch ansetzen, sodass nur die mit höchster WTP kaufen, die die nicht kaufen, sollen Einzelprodukte kaufen, Preise entsprechend anpassen.
  - → Könnte auch sein, dass reines Bundling profit-maximizing ist, hängt von genauen Werten ab.
- **FAQ Bundling.**
- *Beispiel für (aa), (bb) und (cc) (keine VC):*
- *(aa) Wie lautet der gewinnmaximierende Preis im Fall des reinen Unbundlings?*

Kunde	WTP 1	WTP 2	WTP Bundle
A	85	5	90
B	80	50	130
C	55	70	125
D	10	100	110

- Je näher die Zahlungsbereitschaften beieinander liegen, desto wahrscheinlicher ist es, dass mit steigender Quantity auch der Gewinn steigt (hier Produkt 1: 3*55 größer als 2*80).
- Bei keinen variablen Kosten ist es wahrscheinlich, dass einige Kunden auch beide Produkte beanspruchen, bei variablen Kosten eher unwahrscheinlich, aber nicht unmöglich.
- Im Falle von variablen Kosten immer darauf schauen ob (a) überhaupt noch Gewinn gemacht wird und (b) ob weniger Quantity nicht höheren Gewinn verspricht.
- 55 könnte zwar auch noch möglich sein für Produkt 1, aber durch VC eher unlukrativer.
  - → Im Falle von VC immer mit der geringsten Quantity (= höchster Preis) beginnen auszuprobieren.
- *(bb) Wie lautet der gewinnmaximierende Preis im Falle des reinen Bundlings?*
- Entweder sind Zahlungsbereitschaften für Bundle extra gegeben oder werden durch Aufsummierung gebildet.
- Gleiche Vorgehensweise wie beim Unbundling (hier: 4*90 > 3*110).
- *(cc) Wie lautet der gewinnmaximierende Preis im Falle des Mixed Bundlings?*
- Empfohlene (aber nicht unbedingt immer richtige) Strategie: Zuerst hohe WTP für Bundle abschöpfen und dann höchste für die einzelnen Produkte ansetzen.
- Bundle 125 (weil nahe beieinander liegen), Kunden A und D bleiben übrig, entsprechend Preise verlangen für deren WTP, folglich: Produkt 1: 85 ; Produkt 2: 100 (π = 435).

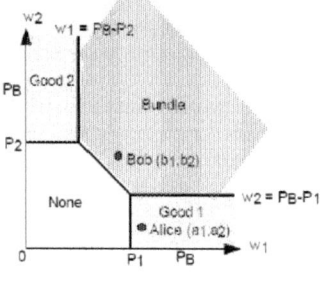

(c) Mixed Bundling

- *(dd) Benenne die Vorteile des Bundlings für Unternehmen und Kunden.*
- Verkäufer: Zahlungsbereitschaft abschöpfen, Cross-Selling, Kostenreduktion, System-Business; Kunde: Rabatt, Bequemlichkeit, Lösungsorientierung, Transaktionskostenreduktion.
- *(ee) Zeichne die Lösung in einem geeigneten Graphen.*
- Mit Punkten kennzeichnen, welcher Kunde sich in welchem Bereich befindet.

- **(IV) Discrete Choice Experimente (Slides 239 – 257).**
- Kunden erhalten Alternativen angeboten (Alternative 1, 2 und Nicht-Kaufoption), welche jeweils ein standardisiertes Set aus Eigenschaften mit unterschiedlichen Ausprägungen beinhalten.
- Viele solcher Choice Sets müssen beantwortet werden, damit Software die Präferenzen für jede Eigenschafts-Ausprägung ermitteln kann.
- **Überführung der Choice Sets in eine Computer-Form.**
- Folgende Situation ist gegeben.

Choice Set 1	Alternative 1	Alternative 2	Alternative 3
Eigenschaft 1	Ausprägung 1.1	Ausprägung 1.2	Ausprägung 1.3
Eigenschaft 2	Ausprägung 2.1	Ausprägung 2.2	Ausprägung 2.3
Eigenschaft 3	Ausprägung 3.1	Ausprägung 3.2	Ausprägung 3.3
Eigenschaft 4	Ausprägung 4.1	Ausprägung 4.2	Ausprägung 4.3

- (a) Aussuchen einer beliebigen Alternative als Referenz (meist die letzte, hier: Alt. 3).
- (b) Aufstellen der Stimuli Tabelle.
- 1. Spalte die Alternativen, 2. Spalte Intercept (bei Produkt = 1; bei Referenz = 0).
- Alle Zeilen der Referenzalternative auf 0 setzen.
- In der obersten Zeile alle Ausprägungen der nicht-Referenzalternativen eintragen.

Stimuli	Intercept	Aus 1.1	Aus 1.2	Aus 2.1	Aus 2.2	Aus 3.1	Aus 3.2	Aus 4.1	Aus 4.2
Alt. 1	1								
Alt. 2	1								
Alt. 3	0	0	0	0	0	0	0	0	0

- (c) Für jedes Choice Set die entsprechenden Daten eintragen.
- Die Alternative, die der Kunde gewählt hat, besteht aus anderen Ausprägungen als oben in der Tabelle; auf die Ausprägungen achten.
- Wenn Referenzausprägung gewählt wurde, dann in Tabelle bei beiden zugehörigen Ausprägungen -1 einsetzen.
- Wenn eine Ausprägung gewählt wurde, dann 1 eintragen, bei anderer entsprechend 0.
- **Beispiel**: Kunde hat folgende Alternative gewählt: Ausprägung 1.1, Ausprägung 2.2, Ausprägung 3.3, Ausprägung 4.1.
- Dann sieht Tabelle wie folgt aus.

Stimuli	Intercept	Aus 1.1	Aus 1.2	Aus 2.1	Aus 2.2	Aus 3.1	Aus 3.2	Aus 4.1	Aus 4.2
Alt. 1	1	1	0	0	1	-1	-1	1	0
Alt. 2	1								
Alt. 3	0	0	0	0	0	0	0	0	0

- Graue Zeile würde entsprechend ausgefüllt werden, nach Choice Set.
- => Unterstellt man eine **lineare Beziehung** (meist beim Preis), reicht es die konkreten Werte einzutragen und nicht jede Ausprägung einzeln.

- (d) Aufsummieren der numerischen Werte für jede Ausprägung liefert den entsprechenden Beta-Wert.
- Beta-Wert von Referenzausprägungen ist gleich der negativen Summe der Betas der Ausprägungen der gleichen Klasse.
- Beta (Aus. 1.3) = - (Beta (Aus. 1.1) + Beta (Aus. 1.2)).
- (e) Kundennutzen berechnen.
- Gegeben eine bestimmte Alternative, ist die Summe der entsprechenden Beta-Werte der Nutzen für den Kunden.
- Kunde hat folgende Alternative gewählt: Ausprägung 1.1, Ausprägung 2.2, Ausprägung 3.3, Ausprägung 4.1 und Preis 30 €.
- Nutzen für diesen Kunden: Beta (Konstante) + Beta (Aus. 1.1) + Beta (Aus. 2.2) + Beta (Aus. 3.3) + Beta (Aus. 4.1) + Beta (Preis) * Preis.
  → Konstante wird von Software berechnet, letzter Term nur, wenn für Preis lineare Beziehung unterstellt wird (meist der Fall), sonst nur + Beta (Preis 30 €).
- (f) Kaufwahrscheinlichkeiten berechnen.
- Kaufwahrscheinlichkeit Alternative 1 =

$$\frac{\exp\left(Nutzen\ Alt.\ 1\right)}{\exp\left(Nutzen\ Alt.\ 1\right) + \exp\left(Nutzen\ Alt.\ 2\right) + \exp\left(0\right)}.$$

- Nutzen der Nicht-Kaufoption ist gleich 0.
- Bei entsprechend mehr Alternativen einfach den Nenner anpassen.
- (g) Erwarteten Profit ausrechnen.
- Kaufwahrscheinlichkeit x Profit (= Preis – Kosten).

BEI GRIN MACHT SICH IHR
WISSEN BEZAHLT

- Wir veröffentlichen Ihre Hausarbeit,
  Bachelor- und Masterarbeit

- Ihr eigenes eBook und Buch -
  weltweit in allen wichtigen Shops

- Verdienen Sie an jedem Verkauf

Jetzt bei www.GRIN.com hochladen
und kostenlos publizieren